*Mein besonderer Dank gilt
Frau Dorothea Zannantonio für ihre
unschätzbare fachliche Hilfe*

1. Auflage 2015
© Arena Verlag GmbH, Würzburg 2015
Alle Rechte vorbehalten
Illustrationen: Hans-Günther Döring
Audio-CD-Arrangement und Musik: Tobias Kretschmer (Mainstudios)
Sprecher: Markus Grimm
Redaktion: Britta Vorbach
Satz: Hermann Zanier, Berlin
Gesamtherstellung des Buches: Westermann Druck Zwickau GmbH
ISBN 978-3-401-70663-4

www.arena-verlag.de

Friederun Reichenstetter

Wo versteckst du dich, kleine Haselmaus?

Eine Geschichte mit vielen Sachinformationen
Mit Bildern von Hans-Günther Döring

Arena

Wo bleibt der Frühling?

Den ganzen Winter hat die kleine Haselmaus in ihrem warmen Nest verschlafen, das sie in einem Laubhaufen versteckt hat. Jetzt ist sie aufgewacht. Sie reibt sich die Augen, streckt sich und fährt mit den Pfoten über die Nase mit den zarten Tasthaaren.

Warum ist die Haselmaus aufgewacht?
Weil es ein bisschen wärmer geworden ist.
Sie spürt, dass der Frühling bald kommt.

6

Damit die Kälte des Winters draußen bleibt, hat die kleine Haselmaus die Öffnung ihres Nests zugestopft. Jetzt zieht sie die trockenen Halme heraus und linst ins Freie. Leider fegt noch immer ein stürmischer Wind durch den Wald. Noch gibt es keine grünen Blättchen und auch keine Knospen, an denen sie knabbern könnte.

Hat die Haselmaus denn Hunger?
Und wie. Nach dem langen Winter ohne Futter knurrt ihr der Magen.

Aber irgendwann muss es ja warm werden. Bis es so weit ist, verschließt sie das Schlupfloch wieder. Dann rollt sie sich zusammen, legt den langen Schwanz um den Kopf und schläft noch eine Runde.

Wer hält noch Winterschlaf?

Igel

Siebenschläfer

viele Fledermäuse

Murmeltiere in den Bergen

7

Was frisst die Haselmaus im Frühling?

Blütenknospen

junge Triebe

junge Blätter

Samen aus Nadelbaumzapfen

Insekten

8

Guten Appetit!

Endlich ist der Winter vorbei. Wie gut es überall nach frischen Blüten und Knospen riecht. Nichts wie raus aus dem Nest. Doch die kleine Haselmaus saust nicht gleich los. Erst einmal setzt sie sich auf einen dünnen Zweig neben dem Schlupfloch und sieht sich um.

Warum tut sie das?
Sie muss sich vor Feinden
in Acht nehmen.

Es könnte ein Käuzchen in der Nähe sein, ein Wiesel durchs Gras huschen oder ein Fuchs durchs Unterholz schleichen. Sie alle haben Hunger.

Sind Käuzchen, Wiesel und
Fuchs auch nachts unterwegs?
Ja, genau wie die Haselmaus.
Tagsüber schläft sie nämlich.

Doch an diesem Abend droht keine Gefahr. In Ruhe
kann die kleine Haselmaus an den saftigen Knospen
des Weißdorns knabbern und frische Birkenkätzchen
verzehren. Auch eine leichtsinnige Spinne landet in
ihrem Magen. Wie gut das alles schmeckt!

Ein Sommernest für die Haselmaus

Das warme Winternest hat ausgedient. Jetzt
muss ein neues, luftiges Sommernest her.
Ganz in der Nähe entdeckt die Haselmaus einen
Nistkasten. Ein Sommernest wäre darin gut auf-
gehoben. Doch als sie den Stamm hinaufklettert,
zetert von oben eine Meise. Sie war zuerst da!
Auch die Baumhöhle nebenan wäre nicht schlecht.
Aber die gehört dem Specht.

10

Wo soll die Haselmaus das Nest nun bauen?
Sie findet einen Platz am Waldrand zwischen
den dichten Zweigen der Brombeersträucher.

In der Höhe, zwischen Blättern und Zweigen, ist
das Nest gut geschützt. Und wenn die Brombeeren
im Herbst reif werden, sitzt die Haselmaus wie im
Schlaraffenland. Brombeeren gehören nämlich zu
ihren Lieblingsspeisen.

Was zeichnet die Haselmaus aus?

Mithilfe ihrer sehr beweglichen Hinterfüße mit fünf Zehen kann sie kopfüber klettern.

Ihr langer, buschiger Schwanz hilft ihr beim Balancieren.

Mit ihren großen Augen sieht sie im Dunkeln gut.

Sie baut kugelförmige Nester, die man Kobel nennt.

Eine geschickte Baumeisterin

Geschäftig klettert die kleine Haselmaus durchs Gestrüpp, denn das Nest soll bald fertig werden. Sie entdeckt einen besonders festen Halm und nagt ihn gleich ab.

Wozu braucht sie den Halm?
Der Halm soll dem Nestboden Halt geben.

Die anderen Halme nimmt sie zwischen die Vorderpfoten und zerfasert sie mit ihren Zähnen. So werden sie weich und sie kann besser damit flechten. Zwischen die Halme steckt sie Blätter.

Muss die Haselmaus für jedes Blatt und jeden Halm nach unten klettern?
Oben im Geäst findet sie genug Blätter und Triebe.
Feste Halme allerdings wachsen nur am Boden.

Mit ihren Hinterfüßen hält sich die Haselmaus an einem Zweig fest. So kann sie mit den Vorderfüßen bequem an ihrem kugelrunden Nest arbeiten. Dabei hält sie mit ihrem langen Schwanz das Gleichgewicht.

Geschafft! Zwei Nächte hat die Haselmaus an ihrem Nest gebaut. Jetzt ist es fertig. Hungrig sucht sie sich noch ein paar saftige Knospen. Dann verschwindet sie in ihrem Schlupfloch. Niemand kann sie in ihrem Nest entdecken. So schläft sie ohne Angst und ganz ruhig den lieben langen Tag.

13

Wen erspäht die Haselmaus in der Nacht?

den Nachtfalter

die Fledermaus

die Maus

den Igel

Begegnung um Mitternacht

Welch eine schöne warme Frühlingsnacht. Der Vollmond steht hoch am Himmel, als die kleine Haselmaus durch die Brombeerhecke streift. Da raschelt es ganz in ihrer Nähe. Hilfe! Blitzschnell saust sie auf einem dünnen Zweig noch weiter nach oben. Dort, unter den Blättern, fühlt sie sich sicherer. Reglos bleibt sie sitzen und beobachtet das Gebüsch.

Was erspäht die Haselmaus?
Mit ihren großen Augen sieht sie nachts sehr gut und entdeckt ein Haselmausmännchen im Geäst.

14

Vor dem braucht sie sich nicht zu fürchten. Im Gegenteil. Das Männchen sucht sie. Und sie sucht das Männchen. Die beiden verstehen sich. Bald wird die Haselmaus Junge bekommen.

Bleibt das Männchen jetzt immer bei seinem Haselmausweibchen? Nein, bald trennen sich die beiden wieder.

Ihre Jungen wird die kleine Haselmaus allein großziehen.

Welches Baumaterial verwendet die Haselmaus?

Rindenstreifen

getrocknete Blätter

Nadeln von Nadelbäumen

Gräser

Eine Kinderstube für den Nachwuchs

Für eine große Familie ist das Sommernest zu klein. Das weiß die kleine Haselmaus. Also muss sie ein größeres Nest flechten. Das neue Nest soll dicht sein, damit die Kleinen darin nicht frieren. Und es darf keinesfalls zerreißen, wenn die Jungen später darin toben. Sonst würden sie ja Hals über Kopf nach unten purzeln. Darum webt Mutter Haselmaus eine feste Außenwand, in die sie Rindenstreifen und stabile Halme flicht.

Und wie sieht das Nest von innen aus?
Dafür sammelt die Haselmaus weiche Samenhaare von Disteln und flauschige Wolle von Weidensamen.

Auch zarte Grashalme zerkleinert sie mit ihren Zähnen. Das gibt ein wunderbares Polster. Darauf werden die Jungen weich und gemütlich liegen.

Wie lange bleiben die Jungen denn bei ihrer Mutter?
So lange, bis sie selbst Futter suchen können. Das dauert sechs bis acht Wochen.

Eberesche

Hainbuche

Hasel

Holunder

Die Haselmauskinder sind da

Vier Haselmauskinder sind auf die Welt gekommen. Wie winzig klein sie sind. Gerade mal so groß wie die Fingerkuppe eines Menschen. Sie haben noch kein Fell und können weder sehen noch hören. Aber bei Mutter Haselmaus Milch trinken, das können sie schon.

Frieren die Haselmauskinder ohne Fell denn nicht? Sie wärmen sich gegenseitig und Mutter Haselmaus hat einen weichen Pelz.

Bald wachsen den Winzlingen die ersten seidigen Haare. Auch die ersten Zähne kommen. Nach zehn Tagen können sie schon hören und ihre Augen öffnen.

Ist Mutter Haselmaus immer bei ihnen? Meistens. Manchmal muss sie ihre Jungen jedoch kurz allein lassen.

Dann sucht sie nach frischen Kräutern und Knospen. Sie selbst muss nämlich ordentlich fressen, damit sie genug Milch für die Kleinen hat.

Balgerei im Nest

Mutter Haselmaus hat kaum mehr eine ruhige
Minute. Von Tag zu Tag werden die Jungen munterer.
Oft balgen sie sich im Nest. Ein Haselmauskind ist
besonders kräftig.

Hat der Kleine jetzt schon ein richtiges Fell?
Er schon. Aus den dünnen Härchen ist inzwischen
ein richtiges Fell geworden. Bei seinen Geschwistern
dauert es noch ein paar Tage.

Der Kleine ist außerdem besonders neugierig.
Immer wieder krabbelt er zum Schlupfloch.

Schlüpft er dann einfach aus dem Nest?
Wenn er könnte, würde er das tun. Aber allein darf
er noch nicht ins Freie.

Er weiß ja noch nicht, welche Gefahren und Feinde
draußen lauern. Darum muss er noch warten, bis
auch seine Geschwister kräftig genug für den ersten
Ausflug mit Mutter Haselmaus sind.

Abenteuer für die kleinen Haselmäuse

Endlich ist es so weit. Drei Wochen nach der Geburt
dürfen die Haselmauskinder den ersten Ausflug
machen. Mutig klettern sie hinter der Mutter aus
dem Nest. Auf einem dünnen Ast geht es bergab und
bergauf. Das ist ein echtes Abenteuer!

Wie halten sich die Haselmauskinder dabei fest?
Genau wie Mutter Haselmaus: Sie haben
bewegliche lange Zehen zum Umklammern
der Äste und Zweige.

Unglaublich, was es hier draußen alles zu sehen
und zu riechen, zu fühlen und zu fressen gibt.

22

Welche Insekten haben die Jungen entdeckt?

Schmetterlinge

Ameisen

Käfer

Raupen

Blattläuse

Was fressen die Kleinen denn gerne?
Frische Kräuter, Knospen und Blüten, aber auch
Insekten sind für die Haselmauskinder eine gute
Mahlzeit.

Der erste Ausflug macht schrecklich müde.
Also scheucht Mutter Haselmaus ihre Kleinen
bald zurück ins Nest. Erschöpft rollen sie sich
zusammen, schließen die Augen und schlafen.

**Welche Feinde hat
die Haselmaus?**

Eulen

Marder

Wiesel

Füchse

24

Glück gehabt, Haselmauskind

Bald erkunden die Haselmauskinder selbstständig
die Sträucher rund um das Nest. Doch Mutter Haselmaus lässt sie noch nicht aus den Augen.

Besonders das kräftigste der Geschwister saust
immer mal wieder davon. Gerade hat es an einem
Himbeerstrauch eine erste reife Beere entdeckt.
Nichts wie hin! Dass es aufpassen soll, hat es
ganz vergessen.

Worauf soll die junge Haselmaus denn aufpassen?
Auf sich selbst. Kleine Haselmäuse sind leichte
Beute für Raubvögel, Füchse oder Wiesel.

Gib acht, kleine Haselmaus! Oben im Baum sitzt
eine Eule. Schon breitet sie die Flügel aus. Schnell,
renn hinein ins dichte Gebüsch!

Die Eule erwischt das Junge an der Schwanzspitze.
Doch sie hat sich zu früh gefreut. Haselmaus-
schwänze gehen in der Mitte auseinander, wenn an
ihnen gerissen wird. Das Junge entwischt und sein
Schwanz wird schnell verheilen.

Die Jungen ziehen aus

Munter klettern die Haselmauskinder an den Zweigen auf und ab. Schon fast sechs Wochen sind sie jetzt alt. Es wird Zeit, dass sie ihre Mutter verlassen.

Warum sollen die Jungen denn ausziehen?
Sie müssen jetzt selbst für sich sorgen und sich ein eigenes Nest bauen.

Der kleine Abenteurer mit dem kurzen Schwanz baut sich sein Nest in einer Baumhöhle, die nicht bewohnt ist. Obwohl sein Schwanz jetzt so kurz ist, verliert er nie das Gleichgewicht. Die anderen Geschwister flechten ihre Nester im Unterholz, nicht weit von der Mutter entfernt.

26

Finden die Haselmauskinder
ihr Futter denn schon allein?
Ja, das schaffen sie längst.

Himbeeren und Brombeeren sind
jetzt reif. Auch die ersten Haselnüsse
hängen an den Sträuchern. Die Kleinen werden mühelos satt. Und sie
haben gelernt, auf sich aufzupassen
und sich schnell zu verstecken, wenn
Gefahr droht.

**Wer frisst noch
Nüsse?**

Eichhörnchen

Kleiber

Siebenschläfer

Rötelmäuse

Gelbhalsmäuse

Welch ein Regen!

Mitten im Sommer wird es plötzlich kalt und stür-
misch. Es regnet nun schon drei Tage lang. Alles ist
tropfnass und Blüten und Blätter schwimmen davon.
Zum Glück haben alle jungen Haselmäuse eine
Bleibe gefunden. Mutter Haselmaus ist zurück
in ihr Sommernest gezogen.

28

Was machen die Haselmäuse nur bei diesem Wetter?
Sie rollen sich in ihren Nestern zusammen und
fallen in einen tiefen Schlaf.

Welche Schlafmäuse
gibt es noch?

Siebenschläfer

Baumschläfer

Wer tief schläft, verbraucht wenig Energie und hat
auch keinen Hunger. Das ist sehr praktisch.

Tun das andere Tiere auch?
Ja, alle Schlafmäuse machen es so, auch manche
kleinen Säugetiere und einzelne Vögel.

Gartenschläfer

29

Wer hat diese Nuss geknackt?

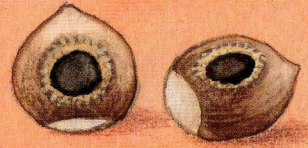

eine Haselmaus

ein Eichhörnchen

eine Waldmaus

ein Haselnussbohrer

ein Siebenschläfer

Futtern für den Winter

Der Herbst ist da und die kleinen Haselmäuse suchen besonders eifrig nach Nüssen und Bucheckern. Die sind wichtig, weil sie Fett und Öl enthalten, und das brauchen die Tiere für ihren langen Winterschlaf.

Finden sie denn genügend Nüsse und Bucheckern? Ja. Obwohl auch andere Tiere wie etwa die Eichhörnchen kräftig sammeln.

In diesem Herbst werden die kleinen Haselmäuse kugelrund. Vor dem Winter brauchen sie sich also nicht zu fürchten. Sie werden von den Fettreserven zehren, die sie sich angefuttert haben.

Haben die kleinen Haselmäuse inzwischen
einen guten Platz für ihr Winternest gefunden?
Ja. Und nicht nur das. Ihre runden Nester sind
sogar schon fertig.

Sie haben einen stabilen Boden und doppelte Wände.
Wenn es richtig kalt wird, klettern die kleinen
Haselmäuse schnell hinein und verschließen die
Schlupflöcher fest. Jetzt können ihnen Wind
und Schnee nichts mehr anhaben.
So schlafen sie gut versteckt und
geschützt bis zum Frühling.

Liebe Tierfreundin, lieber Tierfreund,

auf unserer Erde gibt es die unterschiedlichsten Säugetiere. Fast alle Säugetiere bringen ihre Jungen lebend zur Welt und alle werden mit Muttermilch gesäugt. Das größte Säugetier ist der Blauwal. Er kann so groß werden wie ein mittleres Flugzeug, in dem viele Menschen Platz haben. Die Blauwale schwimmen im Meer. Die meisten Säugetiere aber leben an Land. Das sind zum Beispiel Giraffen und Elefanten. Doch es gibt auch viele kleinere Säugetiere wie zum Beispiel Maulwürfe, Hamster und Mäuse. Eines der kleinsten ist die Haselmaus. Sie ist nicht größer als der Daumen eines Erwachsenen.

Über das Leben der Haselmäuse hast du in diesem Buch einiges erfahren. Hier sind ein paar weitere spannende Einzelheiten.

Weißt du, was eine Haselmaus wiegt?
Sogar im Herbst, wenn sie sich ordentlich sattgefuttert hat, wiegt eine Haselmaus nicht viel mehr als ein Briefumschlag mit 2 Blatt Papier darin, nämlich ungefähr 30 Gramm.

Weißt du, dass es noch kleinere Säugetiere als die Haselmaus gibt?

Die Hummelfledermaus ist winzig. Sie wird nur 3 cm lang, hat also in etwa die Größe einer Hummel und wird nicht schwerer als ein Blatt Papier, nämlich nur 2 Gramm. Sie lebt in Asien und der Forscher, der sie zuerst entdeckt hat, dachte, sie sei eine Hummel. Daher stammt auch ihr Name. Ein anderes winziges Säugetier ist die Etruskerspitzmaus, die genauso leicht und klein ist wie die Hummelfledermaus. Noch kleinere Säugetiere als diese beiden gibt es zurzeit auf unserer Erde nicht.

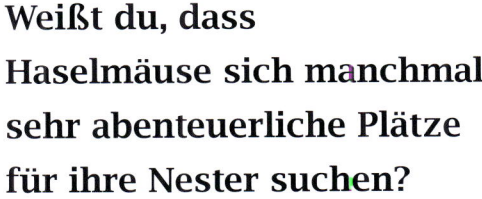

Weißt du, dass Haselmäuse sich manchmal sehr abenteuerliche Plätze für ihre Nester suchen?

Es wurde schon einmal ein Haselmausnest in einer Gummibärchentüte gefunden, die sich an einem Baum verhakt hatte, und ein anderes in einem kaputten Tennisball.

Weißt du, dass Haselmäuse echte Kletterkünstler sind?

Tierforscher haben Haselmausnester in den Wipfeln von 30 Meter hohen Bäumen entdeckt. Das ist fast die Höhe eines Kirchturms. Um ein Nest dort oben zu bauen, muss die Haselmaus ordentlich klettern. Das fällt ihr leicht, denn ihre Fußsohlen haben eine raue, dicke Haut. Deshalb rutscht sie auch an glatten Stämmen und Zweigen nicht ab. Außerdem kann die Haselmaus ja die erste und die fünfte ihrer Zehen abspreizen. So kann sie sehr gut greifen und zupacken.

Weißt du, dass die Haselmaus nicht zur Familie der Mäuse gehört?

Die Haselmaus ist zwar ein Nagetier wie die echten Mäuse, aber sie gehört zur Familie der Schlafmäuse. Schlafmäuse halten Winterschlaf. Sie leben in Nestern und nicht, wie andere Mäuse, in Gängen unter der Erde. Die Siebenschläfer, mit denen die Haselmäuse verwandt sind, halten den längsten Winterschlaf. Sie verschlafen ein halbes Jahr, von November bis zum Mai. Haselmäuse werden schon früher im Jahr munter, nämlich im April.

Noch etwas zum Schluss.

Bestimmt hast auch du die kleine Haselmaus
liebgewonnen. Und das ist wichtig, denn
Haselmäuse brauchen unsere Hilfe. Zum Leben
benötigen sie Hecken, Sträucher und Unterholz.
Davon verschwinden leider immer mehr, nicht
nur an Waldrändern, sondern auch an Feldrainen.
Jeder Strauch ist wichtig, auch in unseren Gärten,
damit Haselmäuse weiterhin einen Lebensraum
haben.

Die Sachbilderbücher mit Audio-CD
Friederun Reichenstetter / Hans-Günther Döring

ISBN 978-3-401-09549-3

ISBN 978-3-401-09196-9

ISBN 978-3-401-09728-2

ISBN 978-3-401-09856-2

ISBN 978-3-401-09937-8

ISBN 978-3-401-09971-2

ISBN 978-3-401-09858-6

ISBN 978-3-401-70215-5

ISBN 978-3-401-70473-9

Jeder Band:
Ab 4 Jahren
32 Seiten • Gebunden • Mit Audio-CD
Durchgehend farbig illustriert.
www.arena-verlag.de